JN411536

주강식 시조시집

황금률 넘어

세종출판사

| 들어가며 |

논어에 年四十而見惡, 나이 40이 되어서도 미운 사람이 있는가고 하였다. 참되게 살고 참된 시를 써보고자 하였지만 아쉬움만 가득하다. 삶과 예술에 최선을 다하는 길은 황금률을 선택하고 실현하는 것이라고 생각하고 실천할려고 노력했다. 하지만 황금률을 넘어서야 하는 면이 있는 것도 깨달았다. 허여된 남은 생, 더욱 참된 시와 삶을 구축하도록 여력을 다해야겠다고 다시 다짐하며 이 시집을 엮어낸다.

2013년 저물녘에

주 강 식

| 차 례 |

Ⅰ. 존재를 넘어

Ⅱ. 길 따라 물 따라

Ⅲ. 우리나라 좋은 나라

Ⅳ. 햇빛을 모으며

Ⅴ. 아름다운 당신

I.

존재를 넘어

연잎에서 듣는 빗소리

싱싱한 초록 잎
향 맑은 꽃봉오리

받쳐 든 소반상에
영롱한 방울방울

이 천지
투명한 소리
연잎에서 듣는다

청매

차가운 겨울 하늘
언 땅에 뿌리하고

칼바람 이겨 서서
다문다문 올린 꽃망울

쇠 같은
껍질을 열고
봄을 불러 앉히네

곧은 혼 높은 뜻 청향으로 다듬어
새 봄을 열고 있다 새 하늘을 새기고 있다
스스로 오롯한 격조 봄빛 더욱 새롭다

이팝나무꽃

연초록 어린 잎이 하늘 하늘 춤추며
햇살을 모으고 있다 바람을 쓰다듬고 있다
하이얀 광망(光芒)의 꽃잎 구름처럼 피어난다

창공에 바람 물고 천상 가는 물고기야
하늘을 바다 삼아 바람 타고 파도 타며
온 하늘 펼치는 설법 봄 하늘이 아릿아릿

바람꽃 음률이 천지간 운문인가
구름꽃 하얀 꿈이 별빛 타고 오르나
5월의 햇살을 타고 봄이 한창 푸르다

어둠의 등성이 훠어이 훠어이 넘어온 햇살
수정같이 맑은 생각 내리고 쌓여서
부활의 고운 꿈들이 눈꽃처럼 피고 있다

해후

겨울을 이기고 돌아온 생명들아
눈물이 뜨겁듯이 네 수액이 뜨겁구나
이 봄의 해후를 위해 새 잎 저리 푸르다

산들 바람 불어와 나무들 눈 뜨게 하고
먼 산 수런수런 구름이 떠 간다
눈 뜨는 네 희망 위에 어리는 꽃 향기

여백

금쪽 같은 화선지에 먹물이 찍힐 때마다
망울 망울 삶의 여정 붓 끝이 떨린다
허여된 이 한 장의 공간 생명의 꽃 피우고 싶다

해도 들여 놓고 별도 들여 놓고
지성과 감성으로 예지를 엮어
꿈으로 채색한 세계 사랑으로 꽃피우고 싶다

아직은 남은 여백 머뭇거리는 이 붓
화룡점증 하늘로 오를 그 요체는 어디 있나
비우고 또 비운 탐진(貪塵) 스스로 차오를 여백

그리운 어머니

청명에 이승을 하직하신 내 어머니
가슴 속엔 언제나 자식들을 담으시더니
불룩한 봉분 위에는 잔디만 푸릅니다

어둠이 밀물지면 어둠 따라 젖는 얼굴
정안수 떠놓고서 손 모아 빌던 어머니
이제는 제가 엎드려 어머님 명복을 빕니다

산다는 것은 잊고 사는 것일까 잊고 사는 아픈 정
살아서나 죽어서나 애틋한 정 끝없으리
끝의 끝 시작이 되는 이승과 저승의 깊은 인연

매미

시름은 천 길 땅 속 울음은 만 리인데
눈물 길 열어 가면 은하수를 적실까
종일을 목메어 울어도 끄덕 않는 세상사

일월허천(日月虛天) 날개 달아도 이슬 먹고 사는 나날
땅 속 7년 버러지로 징역 아닌 징역살이
아느냐 맴맴맴 매앰 서리 맺힌 오뉴월 한

어찌 보면 불이요 어찌 보면 함성인데
구만리 닿을 길 없어도 천둥처럼 소리친다
하늘은 텅 비어 있고 땅은 딱딱 막혔는데

7,8월 나무란 나무 날이 서 더 푸른 날
이 세상 풀죽은 것 깨우고 일으켜
새 역사 생명의 빛으로 밝은 아침 동틀까

대통령 노무현

부엉이도 목이 잠겨 침묵한 바위 위에
이 나라 대통령이 어둠 속에 몸을 던졌다
꿈 많던 열혈의 대통령 꿈을 깨뜨렸다

차별 없는 세상 더불어 함께 사는 세상
모두의 복지를 위해 개혁을 추구했지만
치졸한 역풍에 밀려 벼랑 끝에 섰다

생명보다 소중한 양심과 자존심
차마 버리지 못해 육신을 던졌다
불같이 뜨거운 꿈들이 바위에 부딪혀 깨졌다

당신은 인도주의자 당신은 혁명가
선망의 법관도 돈도 권력도 뒤로 하고
다 함께 잘 사는 세상 큰 세상을 꿈꾸었다

당신이 이 땅에 쏟으신 사랑과 열정
100만 1000만의 가슴 속에 불씨되어 이글거린다
당신의 뜨겁고 큰 뜻 하늘의 별도 되리

무지개송어

언양 하북면 무지개 송어 양식장에는
수 천 마리 수 만 마리가 줄을 이어
이륙할 비행기처럼 비상을 예비하고 있다

지금 티그리스강은 찢겨져 피 흘리지만
지금 청계천은 깨어날려고 몸부림이지만
맑은 물 너무 깨어있어 오히려 조용하네

하늘은 높지만 때로는 냇물 속에 잠기고
송어는 냇물 속에서도 구름을 탄다네
해 뜨면 무지개 빛살 온 몸이 무지개 되네

겨울 강가에서

철새는 가을을 물고 남으로 날아가고
강가에 서걱서걱 서걱이는 마른 잎
강물은 숨을 죽이며 바다로 잠입한다

빈 들판 여윈 가슴에 물새는 쓸쓸한데
삽상한 바람 한 줄기 강물을 거스르며
적막에 사선을 그으며 빗장을 풀고 간다

봄 고구마

창고 속 고구마 물오른 것도 아닌데
봄이 되니 근질근질 시든 살갗 뽀루지 돋아
새 천지 넘보려 한다 감출 수 없는 생명력 갖고

한 평 땅이면 만 평도 덮을 줄기
따뜻한 햇살 향긋한 흙냄새 그리며
겨우내 참았던 응어리 뽀루지처럼 터진다

달밤에

침묵의 산 속은 부엉새 울어 더욱 깊고
중천에 뜬 달 달빛 가득 정 실어
인간사 미망의 타래 새눈 틔운다

외로운 꿈 흐르는 하늘 달빛 갈래 서럽다
산도 바다도 달빛 속에 침잠하는데
촉수를 적시어 오는 영롱한 추억이여

4월의 배롱나무

개나리 진달래 목련이 꽃 피워도
눈도 코도 발끝도 꼼짝 않는다
알몸을 다 드러내놓고 죽은 듯 산 듯

잎이라고 내놓아야 그저 그렇고
꽃이라고 피워보아야 그저 그렇지만
안으로 다져온 생명 가지 단단 백일홍

폭우

하늘 덮고 땅 덮고 물화살 물폭탄
무차별 쏟아 내리며 바람마저 휘몰아치니
높은 자 더욱 높아지고 낮은 자만 떠내려가네

폭우 다 쏟고 먹구름 다 씻고
천지개벽 새 세상 새 하늘 되면
고개 든 겸허한 생명 푸른 숨결 높아질까

매미

기억의 숲 속에서 망각의 땅 속까지
더 이상 감출 수 없는 절절한 사연
어쩌면 공명의 울림 있어 새 세상 열릴까

어디서 날아와 울다 지쳤는지
전등불 아래 쓰러져 퍼덕이는 매미
울어도 몸부림쳐도 불빛만 가물가물

겨울 담쟁이

시멘트 담벼락 아래 심어진 담쟁이
발붙일 땅이라야 몇 줌의 옮겨진 흙
기댈 곳 수직의 절벽 아득한 하늘과 바람

허공을 잡을 수도 바람을 잡을 수도 없다
처절한 절벽에 사지를 못박으며
뿌리째 흔들리는 삶 삶의 뿌리를 드러내 놓고

직장 부도난 47세 김씨 가장
주렁주렁 호박처럼 맨몸으로 달린 가족
수직의 담벼락 위에 필사로 붙이는 덩굴손

인생 고해

이 세상을 지배하려는 자
모두를 섬기려는 자

선한 사람은
남을 지배하려 않는다

지배로
엮어지는 세상
인생이 고해 되네

능소화

꽃망울 피어오를 때
부풀던 꿈

푸른 하늘 담으며
하늘처럼 열렸지

담벽에
발돋움하며
꿈꾸는 더 큰 세상

태양이 뜨거울수록 아린 꿈 물들었고
스치는 바람에도 몸 흔들어 미소지으며
금빛 꿈 통째로 안고 떨어지는 환한 미소

숭어

먹이에 눈 먼 감바리
넓은 바다 뒤로 하고

강어귀 찾아들어
강물을 거슬러 보지만

한 치 앞
보지 못하고
뛰는 꼴이 우습다

강물은 흘러 흘러 바다로 드는데
강물을 거슬러 도약 아닌 제자리 뜀
힘차게 뛰고 뛰어도 숭어 뜀은 숭어뜀

꿈꾸는 산

장산은 해맞이
꿈을 꾸고

금정산은 달맞이
꿈을 꾼다

산들은
꿈꾸고 있다
날마다 저마다

섬

다가가지 않으면
산은 오지 않는다

바람 불지 않으면
구름은 움직이지 않는다

저마다
제 자리만 지키면
모두가 섬이 된다

5월 청산

산이 산을 부르고
구름이 구름을 부른다

해마다 뻐꾸기 소리
어머님 목소리지만

오늘도
5월 청산은
푸른 잎만 짙어간다

도시 창가에 내리는 눈

바다도 고향 산천도
찾는 것 잊고

이 도시 이 창가에
내리는 눈은

그리움
더해만 가는
애타는 손짓들

콩나물

동글동글 내민 머리
동승처럼 오밀조밀

움을 티울 수도
가지를 뻗을 수도 없다

오로지
외발로 서서
발돋움만 거듭한다

당근

흙에 묻혀서도
온 몸을 붉힌다

부드러운 흙의 심성
비타민을 만들어

붉은 꿈
붉은 마음이
초록 세상 만든다

인간 닮은 개

잘 생긴 개를
보면 우량한 개

못 생긴 개를 보면
개 같지 않는 개

영악한
개를 보면
앗불싸 ! 인간 닮은 개

토마토를 먹으며

벌겋게 익을대로
익은 토마토

깨물면 처절한
피를 줄줄 흘린다

제 잘못
하나 없으면서
순순하기만 하다

반딧불이같이

지난 날 어린 시절
햇살 같은 친구야

힘든 세상 어두운 밤엔
네 생각 절로 난다

아득한
옛날이지만
반딧불이같이 보고지고

도둑놈갈고리풀

편하게 보내고
아프게 기다리는 사람아

악착같이 달라붙는
도둑놈갈고리풀 보며

고맙기
그지없구나
네 마음 씀씀이가

정년 이후

버거운 짐을 내려놓으니
공허해진 세월

꿈도 정열도
화석처럼 탈기되어

갈수록
삭막한 세월
눈도 침침 앞도 캄캄

자동점멸등 앞에서

또 한 사람의 목숨이
유명을 달리했다

영안실 지하 계단에
켜졌다 꺼지는

우리네
한생 살이도
잠시 잠깐 켜졌다 꺼지는 불

강변

30여년 함께
살아온 우리 사이

그 사이 흐른 세월
강물 되어

마주한
강변이 되었다
그대와 나 사이

바보

바로 바라 보고
바로 말하는 자

바보가 따로 없다
그러다 바보 된다

보고도
못 본 척
하고도 안 한 척

양심

덕 되면 취하고
불리하면 버리고

이럴까 저럴까
때로는 망설이는 양심(兩心)

얼굴엔
미소 지으며
때로는 두 마음

사랑

보아도 보아도
또 보고싶어지고

주어도 주어도
더 주고싶어지는

사랑은
무한한 것인데
끝이 있는가

직선

직선은 바르게
빨리 도달하지만

주름도 모르고
나이도 모르고

곡선의
곡진한 사연
그 아픔도 모르지

쑥

저항의 깃발인 양
쑥쑥 자라는 쑥

권세와 황금 앞에
비굴한 적 없다

보아라
쓴 물 마시고
쑥쑥 자라는 쑥

시비(詩碑)

날로 많아지는
시비와 문학관

시비(是非) 할 일도 많고
자랑할 일도 많다

볼 것이
많아진 세상
보기 힘든 문학 정신

차 한 잔

푸른 하늘 자락이
펼쳐진 창가에서

찻잔을 앞에 두고
잠기는 상념

가슴에
피어오르는
생금같은 사람아

산수유

산수유 피어나니
다시 그리운 매화

살가운 지난 세월에
떠오르는 물빛 정

꽃 향기
노랗게 물들여
약이 되는 빨간 열매

법정스님 다비식

노오란 불빛이
흰 불빛을 부끄럽게 하네

타고 있는 것이
육신이냐 무(無)냐

자기를
스스로 태워
불 밝히는 이 어둠

봄이 오는 강가

바다에 내려간 강물
다시 밀려 올라 오고

겨우내 어둡던 강물
연초록 물빛이 곱다

물 오른
봄의 생기가
마른 풀잎을 노크한다

열정

아침 수영강에
헤엄치는 오리 떼

푸른 하늘 맑은 강물
물결도 잠잠한데

뜨거운
한 쌍의 오리
몸짓이 수상하다

화이부동(和而不同)

화(火)와 불은 같지만
화이(和而)는 부동(不同)이다

화(和)는 평화인데
동(同)은 흡수입니다

和而가
不同한 세계
그것이 평화입니다

실패

실은 속이 없지
속없는 실을 갖고

실속을 챙기다가
실뭉치에 갇힌 이들

실패한
인생이 무언지
알까 몰라 실패 보고

버섯

알몸이 부끄러워
삿갓을 쓰고 있다

낮이나 밤이나
숲이나 산 속이나

이름이
버섯이 되니
벗을 수밖에

Ⅱ

길 따라 물 따라

내 고향 칠원

내 고향 칠원은 냇물 청청 맑은 곳
40년 전 아저씨들이 아직도 농사짓는 곳
호박잎 넓게 펴지듯 인정이 펴지는 곳

밤이면 둘레둘레 모여 앉아서
순백의 마음들이 어둠에 빛나고
달빛도 푸른빛으로 꿈을 내리는 곳

남해 선소(船所)

아직도 전설이 늙지 않는 바닷가
조개껍질 귀를 세워 파도 소리 헤아리고
밀려 온 새의 깃털들이 포근한 꿈을 부풀린다

머나 먼 옛날 바닷가 마을
아나벨리의 시가 생각나는 바닷가
파도가 찰랑찰랑 머리를 풀고 있었다

버려진 소줏병 떠밀려 온 낚시찌들
고요한 바닷가를 어수선 하게 하지만
바다 속 잠겨진 돌들 햇살에 반짝였다

보길도

강물에 띄운 노래
섬으로 와 있구나

배 띄워 노래 실으면
파도가 춤을 추고

먹 갈아
붓을 적시면
갈매기도 노래하네

서귀포의 밤

달빛에 길을 물어
바닷가를 거닐었네

모두들 잠이 들어
그림자만 밟히는데

파도는
철썩! 처얼썩!
한밤을 되뇌었네

칼호텔 207호실 달빛이 가득한데
만 평 잔디밭 억만 평 바다 위에
보름달 홀로이 떠서 윤슬로 빛났다

서호 뱃놀이

바람이 불고
비가 내려도

서호는 잔잔하여
하늘을 담는다

배 띄워
노 저어 가면
먼 숲이 엎드린다

물의 편안함이 이렇게 자리하여
그대 여기서 만나 구름으로 떠가네
바람은 쓰다듬으며 물빛으로 잠기네

내 고향 무기

동구 앞 정정 고목 성처럼 둘러섰고
앞 내에 흐르는 물 산 빛 청청 담았다
한길에 날리던 먼지 무기 땅엔 얼씬 못했다

동쪽엔 작대산 남쪽엔 천주산
이 고을 정기를 모아 우람하게 자리 했고
자주 선 동쪽 무지개 오색 꿈에 젖게 했다

뒷동산 소 먹이고 앞 내에 멱감으며
헐벗은 가난 속에서도 때묻지 않았다
십 리 길 책보따리 메고 뛰며 절며 다녔다

이제 헤아리면 감감한 반 백 년
흘러간 세월이 강물처럼 아득해도
고향 땅 그 어린 시절 언뜻 언뜻 떠오른다

우상 농장

철마면 거문산 기슭에 둥지 튼 노루목 농장
과목도 심고 채소도 심고 도랑물에 수박도 담갔다
떠가는 구름을 보다 옛 친구도 불렀다

구름처럼 떠가는 인생 청산이 좋아
솔씨는 거두고 오이 고추 들깨 심어
촐촐촐 도랑물처럼 정을 가꿔 목 축인다

때 묻은 도시 찌든 일상 조금은 벗어나
땀으로 흙을 일궈 마음 닦아 일군 농장
이제는 숲을 이루어 햇살 더욱 푸르네

7월 하루 무덥던 날 푸른 농장 들어서니
주렁주렁 매달린 물오른 토종 오이가
땀 젖은 우릴 반기며 탱탱하게 발기하네

땅끝마을 부두에서

떠나고 싶어하는
땅끝마을 배

깃발처럼 흔들리는
물 건너 섬

머무는
구름에 비춰
바라보는 다도해

감천동 문화마을

이름이 좋아 문화마을이지 묻힌 마을이었다
산비탈에 붙은 게딱지 같은 집들이
물탱크 등에 짊어지고 발발발 떨고 있었다

도시에 떠밀려 아미동 등 너머에 자리한 마을
백 계단 천 계단 가파른 길을
한 평생 운명의 미로 용케 용케 오르내린다

플라스틱 그릇에 키우는 채소와 고추
푸른 하늘 푸른 바다에 몸을 옴추리고
평상에 나앉은 사람들 눈도 귀도 멀었다

황석채

허공을 붙들어 놓고
일념으로 서 있는 바위들

바람이 불어도
눈이 내려도

억 만년
세월을 새기며
천 길 벼랑 지켜 섰다

만주객점에서

국적 없는 먼 별빛
깜박이는 아련한 등불

들판 가득 옥수수
복병처럼 일렁이는데

컹컹컹
개 짖는 소리
빈 하늘만 울린다

인간사 미망의 타래 달빛 속에 아련하다
산도 들판도 달빛 속에 침잠하는데
촉수를 적시어 오는 민족의 혼 대륙의 꿈이여

천문산

하늘 문 다가서면
새 세상 열릴까

안개 속 아득한 하늘
케불카로 2시간

천년의
침묵을 드리운
절해고도 천문산

누구의 기도 있어 하늘 문 열릴까
아득한 안개 속에 아득한 하늘 문
수 만 개 향불을 올려도 계시의 침묵은 깊었다

아미산

주목나무 자작나무
절벽을 지켜서고

안개구름 산자락 덮어
속진을 가리면

중생도
정상에 서서
안개 속 부처된다

아미산 보현보살님

해발 3000미터에
좌정하신 보현보살님

굽어보신 시방세계
우매한 중생들

그 중에
가장 영악한
인간 중생 가련치요

시라무런초원

산도 길을 잃고
바람도 길을 잃는 땅

운전수도 가이더도
길을 헤매다가

섬처럼
떠있는 파오
배처럼 닻을 내렸다

보이느니 끝없는 들판 펼쳐진 푸른 하늘
하늘과 맞닿은 지상의 끝 오늘의 끝
끝의 끝 만남의 들판에 끝을 줍는 말 떼들

밤 들자 막을 연 별들의 출연
큰 별 작은 별 모두가 똑똑하다
길 잃은 인류들에게 길을 밝히는 저 별들

왕소군묘

기러기도 넋을 놓고
떨어지던 아릿다움

변방 침략 막기 위해
화친 제물 정략 결혼

찬바람
삭막한 들판에
원혼 새긴 비파 소리

용경협

기암 절벽 골짜기에
하늘이 창문인데

호수는 옥반처럼
절경 산수 펼쳤다

수중가
아니더라고
무이구곡 절로 나온다

몽골 초원

지평선 초평선 끝없는 벌판에
구름이 몰려들고 말들이 떼지어 논다
꽃구름 초원에 뜨지만 빈 들판 빈 바람

가물 가물 드물게 피어 선 풀꽃
강물은 빈 들판 세월을 흘려도
바람은 질주하면서 잠든 혼을 깨운다

밤들자 눈 뜨는 초롱 초롱 맑은 별
북극성 북두칠성 우리와 다름 없지만
머리 끝 가까이에서 영혼을 수놓네

금문교

금문교 난간 위에
반짝이는 아침 햇살

다리 밑 연푸른 물결
부딪치며 아우성치고

바람은
터널을 이루며
오렌지색 길을 연다

크루즈 유람선은 색색의 인종 싣고
쏜살같이 달리며 바다를 수놓는 요트
갈매기 불러 모은다 죄수들 섬 엘카토

그랜드캐년

인간은 마을을 만들고
도시를 만들었지만

신들은 산을 만들고
협곡을 만들었다

인간은
접근도 어려운
그랜드캐년 조각품

447km 길이에 평균 넓이 16km
새들도 날기 힘든 넓고 긴 이 협곡
몇 겹의 전설을 담고 긴 강은 흘렀다

라스베가스

태양을 불태운
인간의 욕망이

별빛보다 찬란한
전자빔을 번쩍이며

모래 속
꿈을 엮어서
전설의 궁전 만들었다

휘황한 불빛으로 숲을 이룬 호텔
욕망을 불태우는 마수의 손을 펼치고
찬란한 분수의 쇼는 밤을 들뜨게 한다

색색의 불빛만큼 다양한 색색 인종
현란한 불빛 속에 욕망을 물들이며
불빛 속 빨려 들어간다 강물에 휩쓸리듯

아! 바이칼

평균 수심 731m 2500만년 이상의 비밀을 간직한
지구의 푸른 눈동자 바이칼호수여
오늘도 허허 청청청 침묵들이 일렁인다

서리꽃 얼음꽃 강변을 둘러서도
속 깊은 앙가르강물 물결치며 나간다
지구의 차가운 꿈을 가득 담고서

살여울 우는 강 싸늘한 달이 돌아
이 시린 바람 한 자락 붙잡고 귀 밝히면
바이칼 바이칼 하며 들리는 비창

호수에 서리는 아침 물안개
칼바람 결빙에도 호수 위엔 안개 만찬
한 마리 벌도 나비도 날지 않는 동토에

아랫도리를 드러낸 자작나무 소나무

하늘에 사다리 놓으며 푸른 우산 펼쳐든다
서릿발 청청한 기세 하늘을 찌른다

찬 물결 아래 뜨거운 호수
비정한 세월 쌓여 뜨겁게 치솟는다
인욕(忍慾)의 차가운 바다에 뜨거운 꿈을 뿜으며

입 깨문 호수에 햇살이 튕겨 오른다
바람은 그 반쯤이 구름 따라 흘러가도
가지 끝 여린 숨결마다 서슬 푸른 칼날

천만 년 이천만 년 청청한 푸른 혼은
1000m 2000m 가슴 깊이 묻고
오늘도 청청한 기백 생명의 또아릴 튼다

호수에 뜬 배 요동치며 나간다
사바에 찌든 우리 목숨도
이 호수 가로 지르면 맑은 혼이 서리겠다

뉴질랜드

초원에서 만난 사람 눈빛 모두 선하다
티 없이 맑고 천진한 호수 같은 눈동자
사람도 사슴 눈빛 닮아 흰 구름이 감돈다

산도 깨끗 들도 깨끗 하늘도 깨끗
청정한 세상 천지에 청정한 마음들
천국이 이러할까요 이보다 좋을까요

문득 비 그치니 무지개도 뿌리 깊다
우유빛 호수에 유유히 떠 있는 색색 요트들
오리도 동동 떠가다 사람 곁을 맴돈다

가난도 병마도 다툼도 없는 곳
의사도 변호사도 한가한 화평한 나라
충만한 햇빛이 쌓이며 산 빛 물빛 더 푸르다

Ⅲ

우리나라 좋은 나라

1. 유치원 재롱잔치 영어가 판을 친다
영어 노래 영어 연극 영어 낭독 영어 퀴즈
아무렴 영어(英語)가 영어(囹圄) 되는 우리나라
좋은 나라

2. 어린이가 엄마와 길 가다 엎어졌다
"엄마 피가 나" 아기는 엉엉 우는데
"영어로 말하라 했는데 엄마가 뭐야"

3. 부모 섬기기를 지성으로 하랬는데
급박한 세상살이 보살피기 겨웁다고
눈가림 그도 아니고 시신까지 버리는

4. 며느리 눈치 보며 밥하는 시어머니
어쩌다 가정 윤리가 이 지경이 되었나
개돼지 호랑이 보고 으렁대도 유분수지

5. 교통신호 잘 지키면 모범된 사람 되고
세금 제대로 내면 양심인 되는 나라
마땅한 기본의 도리도 모범이 되는 우리나라

6. 청문회 비리 들추면 무조건 잡아떼기
끝까지 버티다가 아니면 말고
정치인 정의와 양심 낙엽처럼 쌓이는 나라

7. 상을 타보려고 대구도 가고 서울도 간다
줄을 잘 서야 잘 보여야 한다며
상에다 목을 매다는 상타기 줄타기

8. 학생의 공부는 공책이 알고
선생의 고충은 교실이 다 아는데
교실을 넘어다보며 까욱대는 까막까치들

9. 남포동에서 탄 지하철 서면에서 자리 났네
젊은 여자 남편 불러 자리 먼저 앉히네
아무렴 대중 교통도 먼저 차지 임자지

10. 한밤에 요란한 오토바이 차 소리
불빛이 번쩍이고 경적이 요란해도
하느님 주무시는지 별들만 깜박깜박

11. 신망 받던 검찰총장 하늘에 맹세 한 말
진실의 여지가 말짱 거짓이라니
이 땅에 제 정신 갖고 살기 참 힘들겠네

12. 거짓말의 무게는 1g 선생말은 5g
노인 말은 0g 자식 말은 1톤
모든 말 부도난 이 시대 자식 말만 무겁다

13. 대통령 외국 순방 길 환영객 앞에서 넘어졌다
우아한 한복에 걸려 땅 위에 나동그라졌다
귀엽다 감탄을 하는 국민들 애매하다

14. 지하경제 활성화하여 민주경제 한다던 후보
국정원 댓글 국군사이버 총동원하여
대통령 당선이 되자 해외 순방 패션쇼

Ⅳ

햇빛을 모으며

내 삶

맑은 물 씻어 먹고 앉은 자리 고쳐 앉고
적강한 죄인처럼 심신을 닦았는데
세상은 고약하더라 흙탕물을 튀기더라

내충외간(內充外簡) 겸허하게 조신하며 살았는데
겸양은 무능이고 정의는 불평불만
참다운 인생살이는 방아개비 인생인가

말 한 마디 물 한 방울 밥톨 하나 아끼며
생명 사랑 인간 사랑 자연 사랑하여도
나만의 알찬 이 진실이 찌질이가 되기도

바른대로 보고 바른대로 바른 말 하다가
소외되고 미움 받고 불이익 바가지로 쓰고
바보가 따로 없구나 제 몫도 못 챙기는

지름길 편한 길 샛길도 있었는데
행불유경(行不由徑) 군자대로(君子大路) 힘들고 괴롭게
스스로 족쇄를 차고 세상을 바꿀려하다니

이제 해도 저물고 밤이 깊어간다
밤 속에 잠기는 그간의 숱한 사연
날 새면 새로운 희망 용화세계 있을까

손자 출생을 기다리며

점지된 생명이 불씨되어 자라고 있다
뜨거워도 뜨겁지 않게 생명이 충전되고 있다
튼튼한 뿌리를 내리며 깊은 지심을 긷고 있다

안으로 가꾼 생명이 꽃이 되고 빛이 된다
바위 속 길을 열어 생금맥을 캐거라
이 땅에 나서는 그 날 서기집문(瑞氣集門)하거라

아침 강변에서 만난 강아지풀

움 돋고 꽃 피던 봄의 희망이
무더운 여름 속에서 무성한 자람 갖고
이 가을 생기를 더한다 영롱한 이슬 머금고

연초록 푸른 잎이 물결을 이루며
꼬리를 살래살래 흔드는 강아지풀
귀여운 수 천 수만의 강아지 강아지 꼬리

꽃 피던 지난 봄은 얼마나 희망적이었나
지난 여름은 또 얼마나 무더웠던가
그 세월 좋이 건너서 다가서는 새 생명

때 묻은 이 토양에 빛나는 순수
흐르는 강물도 노래 절로 출렁이고
흰 구름 떠가는 하늘 저리 곱고 눈부시다

(06.9.1 세경이 보러 문화병원 간 날)

눈동자

젖먹이 어린 손자에 내가 비치고 있다
수정처럼 맑은 눈동자에 세상을 담고 있다
두렵고 궁금하도다 비쳐지는 그 세계가

나는 다 못 보아도 너는 다 담는다
해맑은 눈동자에 소록소록 담는다
새 세상 소롯이 담는 보석같은 눈동자

총알처럼 쏘지 않아도 은근히 두려웁고
햇살처럼 강렬하지 않아도 은근히 눈부시다
감출 수 없는 맑은 눈동자에 비쳐지는 내 모습

시원을 알 수 없는 그 어느 곳에서
한 가닥 혈육으로 우리와 만났으니
어둠 속 새 아침 열리듯 세 세상을 열거라

8개월 된 손자

8개월 된 손자가 방바닥을 기어간다
토실토실 꽃다운 손 초롱초롱 맑은 눈
손으로 쥐고 펴며는 모두가 꽃이 되고 별이 된다

5m 기어가기가 십리 길보다 힘든다
거북처럼 엉금엉금 바다 위를 떠간다
지나 간 뒷 자리 모두가 꽃길처럼 환하다

한 세상 넓은 바다 남실남실 떠가며
우주의 섭리를 모아 새 하늘을 여닫는다
머나 먼 앞날의 경영 천지 창조 여기 있다

9개월 된 손자

보름쯤 못 보았다고 고개 홱홱 돌린다
윗 이 둘 아랫 이 셋 생글생글 웃는 모습
아가야 너는 꽃이다 우리 집의 별이다

방바닥 기는 것도 힘겨워 하면서
붙잡고 일어서서 춤까지 추려한다
천지도 모르면서 추는 춤 흥을 절로 내면서

음악을 들려주면 놀다가도 우쭐우쭐
하하 호호 웃으면서 저도 따라 깔깔깔
신기한 세상 배움이 신비하고 귀엽구나

10개월 된 손자

지렁이처럼 기더니 거북이처럼 잘 간다
책상 위며 판 위에 코알라처럼 기어오른다
올라 선 책상 위 세상이 천하 제일봉인 듯 환호한다

엄마 따라 짝짝짝 도리도리 멍! 멍! 멍!
으이샤! 으이샤! 비틀비틀 껑충껑충
천진한 감춤의 장난 밝은 미소 환한 얼굴

11개월 된 손자

윗 이 넷 아랫 이 셋 집히는대로 깨문다
장난감도 깨물어 보고 책도 깨물어 본다
엄마가 뽀뽀하자면 머리 밀며 입을 깨문다

새로운 건 관심을 갖고 손으로 입으로 확인을 한다
전화기며 컴퓨터도 만져 보고 빨아본다
확인한 전화기 들고 통화 시늉도 한다

가르치지 않아도 배우지 않아도
문득 문득 발휘하는 돌발적인 행동
새로움 날마다 쌓이면 어떤 세상 만들까

손자 돌에

하루가 새롭고 한 달이 새롭더니
1년이 벌써 와서 너를 걷게 하는구나
온 세상 축복을 받으며 이 세상을 밝히거라

꽃들도 피어나고 벌 나비도 날아오고
새들도 노래하고 달빛 별빛 빛나거라
오뚝이 일어선 걸음 뚜벅뚜벅 힘차거라

해와 달 누굴 위해 이 세상을 비추며
꽃들은 누굴 위해 향기 가득 피어나는가
이 세상 모두를 위해 꽃도 되고 별도 되거라

손자 걸음마

출생 5개월째 잡고 서던 손자
열 두 달 되어서야 발걸음 뗀다
홀로 서 세상 걷기가 쉬운 일은 아니지

겨우 겨우 내딛는 한 걸음 한 걸음
대관식 나아가는 시이저의 행진인가
시선을 집중시키며 조마조마 걷는 걸음

연초록 언어

20개월 된 손자가
소통 할려고 애쓴다

사과는 '사' 코끼리는 '코'
그리고 손짓 몸짓

연초록
어린 나무에
파릇파릇 돋는 새 잎

숫자만큼

나는 너를 사랑한다 하늘만큼 땅만큼
너는 할아버지 얼마나 사랑하나 했더니
이 세상 있는 숫자보다 더 사랑한다나

빛보다 더 빠른 것

이 세상에서 제일 빠른 것 무엇이냐 했더니
빛이라고 하기에 더 빠른 것 했더니
마음이 빛보다도 더 빠르다나 어쩐다나

이름 짓기

어항에 사다 넣은 거북이 두 마리
처음 이름 바둥댄다고 바둥바둥 바둥이
좀 커서 생생 달린다고 생생이라 이른다

나는 부자로소이다

몽당연필 한 두 개가 필통 속에 달랑댔는데
안경 셋 컴퓨터 2대 우산은 열 개 넘어
이 풍요 이 넉넉함이 어찌 부자 아닌가

36평 아파트지만 돈 계산이 어려웁지
만 평 뜨락 늘 푸른 뒷산 산새 소리 깃들이고
억만 평 펼쳐진 하늘 언제나 무상

아들 하나 딸 하나에 손자는 셋
부자에 3부자 곱배기 부자지
비 오는 창가에 앉아 음미하는 차 향기

만약에

만약에 10억원 복권에 당첨 된다면
집도 땅도 아니고 여행도 아니고
당신의 그 마음 그 뜻 몽땅 사주고 싶다

만약에 박대통령이 청화대에 초청한다면
갈까 말까 한참은 생각해 보겠지만
저승 간 우리 형님이 오셨다하면 부랴부랴

V

아름다운 당신

어머니 꽃길

— 장정애 시인 산문집 「어머니 꽃길」을 보고

서른 여섯 청상 과부 세 딸을 거느리고
여든 너머 황혼길 치매로 헤매시는
질곡의 어머니 곁을 꽃길이라며 보살폈네

93세 어머니 치매를 애교로 보며
치사랑 내리사랑 극진한 웃음 치료
모실 수 있는 인연을 감사하는 그 마음

20여년 간호사 직장도 그만 두고
꽃집 차려 생계 잡고 어머니 보살폈네
당신이 기꺼이 가시는 그 길이 꽃길이네

한 겨울 이겨내며 미소 담은 청매화
휘어지고 뒤틀리고 가시 박혀 옹이져도
잔잔한 미소 펼치며 오롯한 그 향기

지게품팔이 이석숭 노인

단신 월남한 이석숭 노인
범일동 육교 아래 노숙을 하며

지게 품팔이 라면으로
하루하루 생계 이어가며

장학금
불우 이웃돕기
성금 내기 30여년

아피스 만년필 김성곤 사장

어렵게 자수성가한
김성곤 아피스 사장

자가용도 택시도 절약하며
하루 세끼 반찬은 딱 3가지

정재로
돈을 모아서
문화사업 이웃돕기

최고 기업

함안의 BHI 기업
세계 최고 인간 기업

고임금 파격적 복지
만족한 해외 연수

사장의
경영 소신은
사원 가족 살리기

* BHI사 : 경남 함안군에 소재한 중소기업으로 1998년 종업원 20명으로 출발하여 2013년 1월 현재 종업원 450명으로 배열회수보일러 생산, 판매 분야 세계 제1, 2012년 수주 9000억원, 2013년 신입사원 초임 5400만원

주강식 시조시집

황금률 넘어

2013년 12월 15일 **초판1쇄 인쇄**
2013년 12월 22일 **초판1쇄 발행**

지은이 주 강 식
발행인 이 길 안

발행처 **세종출판사**
부산광역시 중구 보수동2가 72-26번지
Tel.(051)463-5898 Fax.(051)248-4880
E-mail. sjpl@chol.com

출판등록 제02-01-96
ISBN 978-89-6125-751-0 03810

값 12,000원

이 책은 부산문화재단의 창작 지원금 일부 지원으로 발간되었습니다.